N° 89.

°G
9437
(89)

BIBLIOTHÈQUE NATIONALE R.F.

"Pages actuelles"
1914-1916

Du Subjectivisme Allemand
à la Philosophie Catholique

Par

S. G. Mgr du VAUROUX

Évêque d'Agen

BLOUD ET GAY, ÉDITEURS

PARIS — BARCELONE

DU

SUBJECTIVISME ALLEMAND

A LA

PHILOSOPHIE CATHOLIQUE

8° G
9437
(89)

"Pages actuelles"
1914-1916

Du Subjectivisme Allemand à la Philosophie Catholique

Par

S. G. Mgr DU VAUROUX

Évêque d'Agen

BLOUD ET GAY
Éditeurs
PARIS, 7, place Saint-Sulpice
Calle del Bruch, 35, BARCELONE
1916

Tous droits réservés.

Du Subjectivisme allemand
à la philosophie catholique

« Au lendemain de la guerre, disait il y a un an
M. Bergson, quand la victoire aura redressé et mis
plus haut encore les grandes choses que nos ennemis
avaient foulées aux pieds... on se demandera ce que
valent les progrès des arts mécaniques et les applications de la science positive, le commerce, l'industrie, l'organisation méthodique et minutieuse de la
vie matérielle, là où ils ne sont pas dominés par une
idée morale... Alors, sans doute, se portera sur les
choses psychologiques, morales, sociales une atten-
tion qui s'était concentrée davantage sur les phénomènes de la matière... Comme le xixᵉ siècle avait
donné leur plein essor aux sciences physiques, le
xxᵉ siècle sera celui des sciences morales (1). »

L'auteur de ces réflexions, éminent écrivain, mais
dont les principes sont très opposés aux nôtres, a su
prévoir avec une clairvoyance remarquable l'un des
résultats les plus sûrs de la crise présente. Après la
conclusion de la paix, le monde civilisé aura besoin,

---

(1) *Allocution prononcée à l'Académie des sciences morales et
politiques*, le 16 janvier 1915, à l'occasion de l'installation de
M. Alexandre Ribot au fauteuil de la Présidence.

pour vivre, d'idées saines et pratiques. L'anarchie intellectuelle, qui est en tout temps un grand mal et même le plus pernicieux des fléaux, parce qu'elle engendre fatalement les pires désordres, rendrait impossible le travail de réorganisation générale que nous aurons l'obligation impérieuse d'entreprendre dès l'aurore de l'ère nouvelle. Ces idées qu'il importerait de mettre désormais à l'abri de toute discussion, la France les retrouvera sans difficulté dans ses vieilles traditions de foi chrétienne, mais la philosophie devra les approfondir, en montrer l'harmonie avec les nécessités urgentes de notre époque, leur conquérir l'adhésion consciente des âmes.

Cette tâche pourrait être jusqu'à un certain point facile, car les doctrines germaniques dont un trop grand nombre de nos contemporains étaient imbus n'auront plus droit de cité, on peut du moins l'espérer, dans notre pays. On sait comment la génération postérieure à celle de 1870 s'enthousiasma pour la culture allemande qui, d'ailleurs, nous avait déjà envahis. Puisque cette culture avait été la cause principale de nos revers, nous ne pouvions mieux faire, pensait-on, que de nous en imprégner. Aujourd'hui, devant les horreurs de la guerre la plus savante dans l'art d'amonceler les ruines qui ait sévi sur le monde, nos raisonnements s'inspirent d'une logique toute différente. N'avoir plus aucun contact avec les systèmes d'où sont issus la barbarie raffinée de nos adversaires et l'odieux régime de la force brutale : voilà le ferme désir de tous les bons Français. Il ne se trouvera plus, sur notre sol, un seul maître qui consente à servir d'instrument aux tentatives d'infiltration teutonne, par quelque moyen que nos adversaires essaient de pénétrer en France.

Nous voudrons être et rester dorénavant nous-mêmes par l'esprit, aussi bien que par le commerce, l'industrie, les arts et notre indépendance nationale.

Sans doute, la vérité n'a pas de patrie, mais rien de ce qui, dans le domaine livré à la spéculation, serait purement germanique, ne pourra nous séduire. Nos répugnances seront invincibles, notre fierté et notre patriotisme se révolteraient contre la domination d'un esprit qui ne serait pas le nôtre.

Il ne paraîtra pas inutile d'indiquer en quelques pages les changements qui, dans l'ordre philosophique, s'imposeront à la pensée française. Nous mesurerons autant que possible l'influence des théories allemandes sur nos contemporains. Nous dirons quels ravages cette influence a produits, et quelles conséquences de pareilles doctrines ont entraînées logiquement. Ce travail achevé, il ne nous restera plus qu'à déterminer le rôle qu'il appartiendra à la philosophie catholique de remplir dans le magnifique ouvrage de la régénération prochaine du pays.

I

Un fait indéniable : l'influence du Kantisme sur la pensée moderne.

TOUTE LA PHILOSOPHIE MODERNE PROCÈDE DE KANT

Emmanuel Kant est sans contredit le plus grand philosophe d'Outre-Rhin ; il exerce sur le monde moderne, en particulier chez nous, une sorte d'empire dont nul de ses rivaux ne peut lui disputer l'honneur. Ce fait s'explique d'autant mieux que tout le développement du panthéisme allemand procède du criticisme. C'est en vain que Schelling pose en principe l'objectivité de la nature, que Hégel raille la prétention de rechercher les conditions de la connaissance avant de commencer à connaître, comme si l'étude des facultés intellectuelles n'était pas déjà un acte de l'esprit (1). L'un et l'autre identifient la pensée et le monde extérieur, le sujet et l'objet, l'idéal et le réel. Or, ces confusions proviennent de cette théorie fondamentale du Kantisme que, s'il existe quelque chose en dehors du moi, nous ne sommes capables d'atteindre que les lois de la pensée. Puisque tout savoir est subjectif, le monde extérieur, c'est-à-dire l'inconnaissable, n'est après tout qu'une réalité négligeable; des logiciens impitoyables le considéreront bientôt commé le contraire de la réalité. « Si l'homme ne connaît que ses idées, ne pense que ses idées, comment peut-il admettre, même à titre d'hypothèse, l'existence d'un autre objet que ces idées elles-mêmes? (2). » Kant domine de haut les philosophes qui, après sa mort, ont joui en Allemagne d'un si regrettable prestige ; mais, à son insu, ses disciples authentiques ou bien inconscients ont déduit des principes de leur maître les erreurs énormes, contre lesquelles celui-ci avait toujours protesté. Et cette logique impitoyable révèle mieux que les plus subtiles discussions l'instabilité de l'œuvre accomplie.

Œuvre grandiose, assurément. Le philosophe de génie qui en est l'auteur a porté au dogmatisme philosophique des coups funestes. Jamais la raison ne s'était soumise à un contrôle plus rigoureux,

---

(1) *Logique*, 10, traduction Vera.
(2) Th. Desdouits. *La philosophie de Kant*, p. 386.

jamais elle n'avait mis en plus vive lumière les motifs qu'elle a de perdre confiance dans ses propres forces. Les arguments de Kant ne sont pas irréfutables, loin de là, mais l'impression qu'ils ont produite sur nos contemporains est sans précédent dans l'histoire. Ceux-là même qui les combattent — je parle des rationalistes — semblent fascinés par leur apparente logique. On pouvait se demander hier encore si la philosophie découvrirait jamais le moyen de briser la muraille d'acier et de granit qui l'étreint depuis un siècle.

AFFINITÉS DU KANTISME AVEC LE POSITIVISME
ET L'ÉVOLUTIONNISME.

En vertu d'un phénomène étrange au premier regard, mais au fond très simple, le Kantisme a trouvé de précieux auxiliaires là où il n'en avait point cherché, je veux parler des doctrines positivistes et évolutionnistes auxquelles la science de notre temps a fait une trop brillante fortune.

Le positivisme s'accommode très bien, en effet, des attaques dirigées avec tant de vigueur contre la raison pure. Pour lui comme pour la critique transcendentale, les noumènes forment le vaste champ de l'inconnaissable. Au contraire, il profite de la faveur qu'Emmanuel Kant accorde à l'expérience sensible, puisque son principe essentiel est de rejeter tout ce qui ne peut être vérifié ni par le calcul ni par l'observation des faits extérieurs. A son tour, le système de l'évolution suppose et affermit la théorie subjectiviste de la connaissance. Rien n'est stable dans ce monde, les êtres n'existent pas, ils deviennent, modifiés, transformés même, par suite de mouvements qui se succèdent sans arrêt possible, sans terme entrevu par la science. L'absolu est une chimère, à moins qu'on ne désigne par ce mot la loi qui exclut le définitif, l'immuable. Quelle valeur faut-il donc attacher aux conceptions de notre esprit? Aucune, si on veut leur demander de se traduire par des axiomes éternels ou des jugements irrévocables ; elles représentent tels ou tels aspects des choses pendant une période quelconque de la durée. Aussi bien ce que, dans des temps reculés, les hommes considéraient comme des erreurs, pourra-t-il être aujourd'hui tenu pour l'expression la plus exacte du réel, si la science expérimentale ou historique l'exige. Il est même très sûr que le progrès change les conditions ou la nature de notre activité mentale.

Je viens de faire allusion à l'histoire. C'est que l'évolution n'admet point de limites. De la matière on l'étend à l'esprit et, dès lors, à la morale, aux lois de la vie sociale, à l'histoire, à la religion. Et comme il n'y a plus de vérité fixe, il n'y a pas davantage d'erreur proprement dite. Toute vérité peut cesser d'être; une erreur revêtira peut-être un jour les caractères de la vérité. En somme, l'évolutionnisme usera à son avantage de la philosophie kantienne et, comme il est tellement à la mode que ceux qui refusent de se courber sous son joug tyrannique sont rares, les partisans si nombreux du criticisme l'accueilleront comme un allié puissant. Le subjectivisme de la connaissance à la base de la psychologie, l'hypothèse audacieuse d'une évolution universelle et perpétuelle, conception suggérée par l'étude des sciences de la nature mais élevée à la hauteur d'un principe métaphysique, voilà de toute évidence les deux solutions du problème de la certitude entre lesquelles nos contemporains se partagent ou que souvent ils combinent l'une avec l'autre.

INFLUENCE DU KANTISME SUR LA SPÉCULATION MODERNE EN GÉNÉRAL.

Beaucoup d'entre eux cherchent non pas à sauver la raison pure du discrédit jeté sur elle, mais à la remplacer. L'homme ne peut, en effet, se passer de principes. Si la spéculation est convaincue d'incapacité radicale, il faut que d'autres puissances lui permettent de fonder une philosophie. De là les nombreux systèmes qui ont joui, ces derniers temps, d'une grande faveur. Tous unis par une égale défiance pour l'intellectualisme des anciens âges, ils essaient d'atteindre la vérité, ou plutôt la réalité extérieure au moi, à l'aide de forces distinctes de l'entendement. Ils s'efforcent de découvrir dans le travail de la connaissance des éléments d'ordre instinctif, émotif ou volontaire par lesquels l'homme appréhende sûrement l'être et en pénètre les profondeurs. Philosophie de la croyance ou de la volonté, de l'intuition et du sentiment, ces diverses interprétations des faits les plus élémentaires de la vie psychologique n'ont obtenu une place dans l'histoire de la pensée, qu'à cause de l'antipathie en quelque sorte incurable de l'âme moderne pour ce qu'elle appelle avec dédain un dogmatisme suranné. Le scepticisme a été pendant longtemps une habitude plus ou moins inconsciente, ou bien une attitude commode, voire même un jeu attrayant pour la vanité et la légèreté de causeurs élégants et d'écrivains superficiels. Kant a su lui donner une forme scientifique ; grâce à lui, la négation est devenue une doctrine positive désormais si difficile à détruire que les intelligences contaminées par elle ne peuvent plus respirer en dehors de l'atmosphère qu'elle a créée.

Il convient d'ajouter à cet exposé une remarque dont l'importance n'échappera à personne. Quoiqu'il ait ébranlé plus qu'aucun de ses prédécesseurs les fondements de la connaissance, Kant a nécessairement développé la tendance de notre siècle à exalter et glorifier l'unique dieu devant lequel les modernes consentent à s'incliner : la nature. Nous montrerons bientôt comment la critique de la raison pratique aboutit au naturalisme pur et simple ; contentonsnous en ce moment de nous maintenir dans les régions de la spéculation. On se défend beaucoup, aujourd'hui, de tout intellectualisme, c'est entendu, mais il semble acquis à la pensée que rien, dans les sphères de l'idéal, ne dépasse l'homme, puisque l'infini n'est qu'une conception de la raison. D'autre part, si tout est relatif, si le moi est l'un des termes du rapport, et le seul que nous ayons le privilège de connaître, la vérité ne peut pas être autre chose qu'un produit de notre intelligence. L'homme ne perçoit pas la vérité, il la fait, il ne voit du monde que ce qu'il y met en vertu des lois de son organisation mentale. Ainsi donc, au lieu d'être dominé par l'être extérieur à son moi, il est le souverain, j'oserai dire le créateur de l'univers. Qu'est-ce que la science ? la soumission sans cesse plus étroite des phénomènes à l'activité de la réflexion (1) ; qu'est-ce que la philosophie ? le développement de notre pouvoir de ra-

---

(1) « Ce n'est que notre propre esprit que nous étudions dans toutes les sciences, et non les objets. » Kant, *Préface de la critique de la raison pure.*

mener nos multiples concepts à l'unité. Dieu lui-même n'est plus que l'idée la plus parfaite, l'œuvre suprême de la vie intérieure de l'esprit. Sans nous, il n'existerait pas, car c'est en prenant pleine conscience de nous-mêmes que nous voyons le rapport qui rattache toutes les catégories et tous les jugements à un principe premier, comme aboutissent à la clef de voûte les arceaux variés d'un édifice; seulement ce principe premier n'existe que dans notre esprit et la science démontre ou suppose qu'il est absent de l'ordre réel.

INFLUENCE DU KANTISME SUR LES IDÉES MORALES CONTEMPORAINES

Il n'est pas plus difficile de retrouver l'empreinte des doctrines kantiennes sur la philosophie morale du temps présent que sur nos conceptions métaphysiques.

Par une inconséquence trop apparente pour n'avoir pas été maintes fois signalée, Kant croyait ouvrir, dans sa critique de la raison pratique, une voie qui conduirait sûrement l'homme à la conquête de la vérité. Il se trompait; habile dans l'art de détruire, il a échoué dans ses efforts — efforts prodigieux, il faut le reconnaître — pour fonder sur la morale séparée de la raison pure les grandes thèses spiritualistes dont vit l'humanité.

Il fait de la liberté l'un des principes de l'éthique nouvelle, mais cette liberté, essentielle à la notion de droit et de devoir, il l'exclut de la série des phénomènes que le déterminisme le plus rigide enchaîne, selon lui, les uns aux autres, et la relègue dans le monde des noumènes, c'est-à-dire en dehors de l'espace et du temps. L'antinomie entre la nécessité et la liberté aurait exigé une autre solution. Sans doute la plupart des modernes ont rejeté celle que leur proposait Kant, mais de sa critique ils ont conservé longtemps et beaucoup conservent encore la théorie déterministe, avec toutes ses conséquences. De nos jours, une école formée sous l'inspiration de maîtres illustres, a cherché à rétablir dans ses anciens privilèges la doctrine de la liberté psychologique, dont auparavant il était généralement admis qu'aucun philosophe ou savant ne pouvait prononcer le nom. Cette réaction a-t-elle réussi? Il est bien à craindre qu'elle ait simplement affaibli certains arguments des mécanistes. Dans la liberté telle que la définit M. Bergson, est-il possible, en effet, de saluer cette belle puissance de l'âme qui prend en elle-même ses décisions et considère son indépendance comme une raison suffisante des actes qu'elle pose? Ce serait par trop difficile. Nul, à l'exception des philosophes catholiques, n'a réfuté d'une manière décisive le déterminisme de Kant et de ses disciples. Le bon sens ne consentira jamais à confondre l'élan spontané avec le libre arbitre.

Ainsi, le déterminisme restera l'un des systèmes caractéristiques de la philosophie rationaliste, en un siècle qui a inscrit à la première page de ses revendications, comme le plus essentiel des droits de l'homme, le principe de la liberté de penser. Les adversaires de la liberté intérieure, de celle qui est la condition *sine qua non* de toutes les autres espèces d'indépendance, prononcent souvent, et sur le ton du plus profond respect, un certain nombre de mots très nobles et très solennels : dignité et autonomie de la personne, souveraineté de la conscience, aptitude efficace de la volonté à observer tous les préceptes de la loi morale. C'est sur les idées exprimées par ces formules que les maîtres contemporains veulent fonder l'éducation des générations nouvelles, même des enfants du peuple. Personne, j'en conviens, ne les répète avec plus d'insistance ni de conviction que les directeurs des revues et des écoles spéciales où les instituteurs et les institutrices puisent les principes de leur pédagogie. Ils sont écrits en grosses lettres dans les manuels par lesquels on prétend remplacer le catéchisme catholique, car si les primaires n'ont pas la permission de parler de Dieu, ils doivent apprendre aux petits paysans de dix ou douze ans que l'homme n'a besoin que de sa propre valeur pour découvrir les règles du devoir et les mettre constamment en pratique. Comment ne pas entendre, à travers cet enseignement factice et livresque, l'écho des dissertations de Kant sur la personne humaine : fin en soi, puissance capable de satisfaire par elle-même aux obligations, quelles qu'elles soient d'ailleurs, dont elle a constaté la légitimité? Le philosophe, il est vrai, combattait d'avance les théories de la morale indépendante, puisque la nécessité d'un législateur suprême et d'un juge rétablissant au delà de la terre l'harmonie entre le mérite et le bonheur, l'amenait à l'affirmation catégorique de l'existence de Dieu. Seulement le phénomène signalé tout à l'heure reparaît ici. Les contradictions de Kant étant manifestes, les modernes ont conservé les parties subjectives du système, en morale comme en spéculation, et rejeté les arguments qui rendaient à Dieu sa place dans le monde de la pensée (1). De même, ils avaient opté pour le déterminisme phénoménal contre la liberté intelligible. La doctrine de la personnalité subsiste dans leurs ouvrages, mais sans qu'il soit possible de lui donner un fondement quelque peu solide et d'élever autour d'elle d'autres défenses qu'un verbalisme pédant.

Nous ne croyons pas excessif d'attribuer encore à la domination des idées kantiennes une des erreurs, on pourrait dire une des superstitions, les plus répandues aujourd'hui chez les esprits cultivés : le respect excessif de la légalité. S'inscrivant en faux contre l'opinion universelle, Kant enseigna qu'un acte n'est pas obligatoire à cause de son caractère moral, mais qu'il est bon parce qu'il est obligatoire. La logique de ses déductions l'avait amené à ce paradoxe étrange. Certes, la morale qu'il recommande se distingue par une élévation admirable et une austérité stoïcienne, donc exagérée. Le principe si connu et tant vanté : « Ne fais rien qui ne puisse devenir une règle universelle de conduite », mérite de grands éloges, et d'autres tout semblables témoignent des hautes préoccupations de conscience qui dirigeaient l'auteur du criticisme. Il serait pourtant difficile de concilier ces belles maximes avec l'idée que l'obligation détermine seule la valeur morale d'un acte. Si ma conscience, sous l'empire de raisonnements ou d'impressions qui la trompent, me représente la vengeance comme une nécessité à laquelle je ne peux échapper, les représailles dont j'userai deviendront-elles par le fait honnêtes et louables, alors que par nature elles

____

(1) Et encore cette démonstration aboutit-elle à un acte de foi plutôt qu'à une certitude rationnelle. Kant, *Critique du jugement*, § 90.

ne le sont pas ? Si, dans l'ordre politique ou social, il suffit d'une loi édictée par le pouvoir compétent pour justifier toutes les dispositions qu'elle contient, nul espoir ne me restera, à certains jours douloureux, devant les abus du despotisme et les violences de la force brutale. Un gouvernement et des Chambres ne sauraient créer, en vertu de leur seule légitimité, la distinction entre le bien et le mal. Les partisans trop nombreux parmi nous de la soumission quand même à la loi, ne sont-ils pas les victimes de la longue et quasi universelle domination de Kant sur la pensée contemporaine, notamment sur la pensée française ?

Nous n'avons rien dit qui ne fût incontestable et facile d'ailleurs à vérifier. On nous objectera peut-être que le subjectivisme est la suite naturelle du mouvement rationaliste inauguré par Descartes. Cette affirmation fort juste n'a rien qui puisse nous émouvoir. Elle nous servira simplement à mettre les esprits en garde contre la philosophie séparée, quelque forme qu'elle affecte. Si Descartes explique Kant, celui-ci a pris la place de son ancêtre, il l'a dépassé et même à peu près évincé de la société moderne. Il reste donc vrai que tous, hier, nous étions imprégnés, jusqu'à la moelle des os, des doctrines subjectivistes dont l'interprète le plus autorisé est l'homme de génie que l'on appelle le philosophe de Kœnigsberg. La question est de savoir quelle attitude devra prendre la civilisation française et latine après la guerre, si elle consentira à s'inféoder encore, sur le terrain des principes, au système qui l'a asservie pendant une trop longue période d'admiration inconsidérée pour la culture allemande.

II

Où le Kantisme a conduit la pensée allemande.

Il serait impossible d'esquisser ici une réfutation directe du subjectivisme. Nous voudrions uniquement montrer que ses conséquences logiques sont pour nous autant de motifs de rompre avec lui. Plusieurs d'entre elles équivalent à de véritables désastres, toutes établissent clairement la nécessité d'un retour aux principes d'une métaphysique objective. Voici d'abord celles que l'histoire contemporaine de l'Allemagne nous révèle. Rien de plus naturel ni de plus suggestif que d'examiner l'évolution de ce système dans le pays où il est né.

LE KANTISME ET L'ÉVOLUTION DU PROTESTANTISME EN ALLEMAGNE.

« Ce n'est point à tort, écrit un professeur à la Sorbonne, M. Henri Lichtenberger, que les historiens de la pensée allemande s'accordent aujourd'hui en général pour voir en Kant le plus grand représentant moderne de la Réforme, le philosophe par excellence du Protestantisme » (1). Ce jugement, énoncé dans un ouvrage antérieur à la guerre actuelle, ne prête sous aucun rapport à la discussion. Les faits le justifient d'eux-mêmes. Des ressemblances frappantes existent entre l'enseignement de Luther et celui de Kant. L'un et l'autre se défient de

______

(1) *L'Allemagne moderne, son évolution*, p. 268.

la raison pure qui, suivant le fondateur du Protestantisme, est incapable d'atteindre la vérité : l'un et l'autre font dépendre la vie pratique d'une certitude imposée par la conscience morale, acte de foi pure selon Luther, adhésion rationnelle ou probablement croyance à la loi de l'impératif catégorique pour Kant; tous les deux nient l'autorité d'une révélation extérieure à l'homme et éliminent tout intermédiaire possible entre l'âme et Dieu. Le subjectivisme est en germe dans le dogmatisme de Luther ; mais pour que la théologie nouvelle parvint à son maximum de développement logique, il lui fallait le concours d'un philosophe puissant. Luther a été l'un des inspirateurs de Kant; celui-ci a su dégager la pensée du maître des hésitations et des contradictions inévitables aux premiers jours. Le criticisme offre aux regards l'ampleur, la régularité et l'harmonie des plus belles constructions humaines. La doctrine théologique du libre examen ne pouvait trouver en philosophie un plus remarquable interprète.

Aussi le succès du système fût-il grand auprès des chefs modernes de la réforme, dans les pays d'Outre-Rhin surtout. Un seul exemple suffira. « Schleiermacher règne, dit M. Georges Goyau, depuis près de cent ans sur le protestantisme allemand. Ses spéculations ont formé beaucoup d'esprits, ses méditations plus de consciences encore, ceux qu'effraie son panthéisme sont captivés par son esprit religieux; si l'on ne suit pas ses déductions, l'on s'incline devant ses intentions » (1). Or, cet oracle, « cet homme de haute et grave piété, en qui on entrevoit une façon de pro-

____

(1) *L'Allemagne religieuse. — Le Protestantisme*, p. 76.

phète » (1), est un admirateur passionné de Kant. Il en étudie avec ardeur les ouvrages, il va le visiter à Kœnigsberg (2). Sans doute il réduit la religion au sentiment plus ou moins vague du divin, disons plus exactement à l'impression d'un idéal expérimenté, vécu en quelque sorte et non connu ; mais cette conception n'a-t-elle pas pour cause directe l'irrémédiable discrédit de la spéculation pure ? Kant affirme que « dans le fait de la conscience du devoir qui domine notre activité, nou possédons une certitude aussi complète, aussi absolue — plus absolue même — que la certitude rationnelle » (3). Contradiction, avons-nous déjà observé, car si le critérium de l'évidence intime ne légitime ni la perception extérieure, ni les données premières de l'intelligence, il n'est pas admissible qu'il ait une valeur objective dans l'ordre moral. Au fond, la logique exigerait ici de mettre la croyance, une croyance instinctive et par conséquent un sentiment et non pas un phénomène de connaissance, à la base de notre vie morale, et d'y ramener dès lors tous les phénomènes religieux.

Le Kantisme devait servir d'autant mieux la cause protestante que celle-ci, aux yeux des dirigeants de la philosophie allemande, se confondait avec les intérêts germaniques. Quoiqu'en disent certains calvinistes français dont l'indignation patriotique mérite à coup sûr un sincère respect, l'auteur d'un nouvel ouvrage sur la religion, M. Pfeilschifter cite à propos ces paroles caractéristiques d'un pasteur luthérien :

---

(1) *L'Allemagne religieuse. — Le Protestantisme,* pag. 77.
(2) *Dictionnaire de Théologie catholique.* Art. *Expérience religieuse,* col. 1798.
(3) Henri Lichtenberger, *op. cit.,* p. 268-261.

Si le mot de protestantisme est étranger à la langue des allemands, « la chose leur est chère à tous. C'est une chose qui n'est point le privilège de l'Église évangélique, mais vit en tout cœur vraiment allemand. Son plus grand prophète fut Kant avec sa devise d'airain : tu peux car tu dois ! Partout où un homme se consacre purement et librement à son devoir, de sorte que sa conscience y applaudisse, là est le protestantisme. Elle est protestante la conduite magnifique de notre état-major que nous admirions au jour de la mobilisation et qui nous émeut à chaque bulletin de victoire. Elle est protestante la fière attitude de notre peuple dans cette crise où son existence est mise en péril, il est protestant l'esprit de notre armée. Attachons-nous donc à rester protestants jusqu'aux moelles. Tous les cultes, toutes les églises des confessions diverses qui sont chez nous, n'ont de valeur que dans la mesure où elles aident notre peuple à remplir sa tâche historique » (1). M. Goyau avait donc mille fois raison de récemment écrire pour répondre aux griefs d'un pasteur français : « Une doctrine existe en Allemagne d'après laquelle les intérêts du protestantisme et du germanisme sont solidaires. J'ai noté ce fait et j'ai prétendu mettre en lumière, non pas la vérité (je le dis expressément), mais l'efficacité de cette doctrine (2). » Ce qui est certain, en tous les cas, c'est que beaucoup d'esprits cultivés estiment que la foi protestante et le Kantisme s'accordent assez bien avec le génie de l'Allemagne, pour qu'il y ait une

---

(1) *Religion und Religionen in Weltkrieg*, Fribourg-en-Brisgau, 1915, p. 87.
(2) *Revue Chrétienne*, septembre 1915, p. 375.

raison suffisante et même pressante de les considérer l'une et l'autre comme les deux formes essentielles de la pensée teutonne.

Kant a donc beaucoup aidé au progrès du libéra-
lisme religieux, c'est-à-dire de ce protestantisme qui
se dégage de plus en plus des précisions dogma-
tiques. Ses doctrines ont projeté plus loin encore leurs
rayons ; elles se sont insinuées presque tout de suite,
mais surtout après le Concile du Vatican, jusque dans
des milieux catholiques. Les essais apologétiques de
Hermès, dont les principaux ouvrages paraissaient en
1805, 1825 et 1829 et de Guenther vers 1850, quoique
nettement intellectualistes, témoignent au moins
d'une grande admiration pour Kant. Des savants
comme Dœllinger professent une telle confiance dans
les qualités de la race allemande, les supériorités de
l'esprit allemand, les destinées réservées aux systèmes issus directement de la spéculation allemande,
qu'on ne peut s'étonner du crédit obtenu par les conceptions subjectivistes, c'est-à-dire les idées du plus
profond philosophe de l'Allemagne moderne, chez un
trop grand nombre des amis ou des disciples de l'il-
lustre théologien. Selon Dœllinger « c'était la science
germanique, et elle seule, qui offrait à l'Église une
*façon scientifique de prendre conscience d'elle-même,
de son passé, de son présent et de son avenir, de sa
substance doctrinale, de sa constitution et de ses règles
de vie;* l'Allemagne cultivait et développait, sous le
nom de théologie, la conscience scientifique de
l'Église » (1). Quarante-cinq ans après le discours de
l'homme qui devait se séparer de la vraie foi après

____

(1) *Discours prononcé au Congrès de Munich,* septembre-octobre
1862. G. Goyau, *op. cit.* p. 258.

en avoir été longtemps le docteur le plus autorisé dans toute l'Allemagne, Pie X condamnait, sous la qualification générale de modernisme, ce prétendu développement de la conscience scientifique de l'Église.

LE KANTISME ET LE MODERNISME

Le modernisme cessera peut-être de porter ce nom lorsque le cours du temps l'aura vieilli. Il est probable qu'on l'appellera alors le *subjectivisme religieux*. S'il fallait, en effet, le définir par quelques mots, malgré la multiplicité des erreurs qu'il embrasse, nous dirions volontiers de lui qu'il est un immense effort pour expliquer les croyances catholiques par l'unique travail de la pensée humaine. Nos dogmes d'abord, puis toute l'Église avec sa théologie et sa philosophie, avec son exégèse, sa liturgie, ses règles de vie pratique, avec ses institutions doctrinales et sociales, enfin son histoire tout entière, ne sont que le résultat d'une élaboration lente et progressive, dont certains faits ont fourni l'occasion et le point de départ, dont le but est de satisfaire les attraits religieux, c'est-à-dire, le besoin d'idéal qui subsiste au plus profond de nos puissances intellectuelles et morales. Il n'y a pas de phénomène en dehors de ceux que l'expérience naturelle perçoit, pas d'autre révélation que les enseignements de l'esprit ou de la conscience, pas de religion possible, si l'on ne désigne point par ce mot l'ascension de nos facultés normales vers une compréhension toujours plus parfaite des choses et une vertu plus conforme à la raison. Le moderniste conserve nos dogmes, mais les dépouillant de leur contenu, il ne leur accorde qu'une valeur symbolique, une signification qui varie suivant les phases de notre évolution intellectuelle. Il vénère la Bible, mais il l'interprète suivant les règles auxquelles il soumet toutes les traditions orales ou écrites. L'importance qu'il attache aux faits semble n'avoir pas de limites, mais l'histoire obéit, selon ses dires, à des lois qui ne permettent de glisser aucune intervention surnaturelle dans la trame des événements. Pie X n'exagérait pas quand il disait que le modernisme était le rendez-vous de toutes les hérésies.

L'analyse qui a été souvent mise sous nos yeux de ce système aux aspects si variés, quoique régi, somme toute, par une réelle unité, permet de le rattacher encore plus directement au criticisme qu'aux autres écoles de philosophie allemande. L'encyclique *Pascendi* place à sa base, et d'une manière très juste, trois systèmes philosophiques : l'*agnosticisme*, l'*immanentisme* et l'*évolutionnisme*. Le premier appartient en commun à Kant et aux positivistes, mais nous l'avons montré plus haut, nul ne lui a donné plus de relief, d'éclat, de puissance, que le Critique de la raison pure. Le second, qui est l'immanentisme, a de très intimes affinités avec les principes agnostiques, car si l'homme ne peut connaître que lui-même, la foi est simplement un acte de volonté, sans rapport avec les phénomènes de la connaissance, à moins qu'elle ne soit une conception, soumise comme les autres, aux lois subjectives de la raison, en deux mots, un produit de notre activité propre, immanente à notre moi. Quant au troisième, l'évolutionnisme, nous avons reconnu les sympathies naturelles qui l'unissent aux négations de Kant. L'explication subjective de la vie intellectuelle corrobore celle que l'évolutionnisme s'arroge le droit de donner de toutes

choses ; à son tour, la doctrine de l'évolution universelle vient en aide aux arguments sophistiques de
l'agnosticisme. Entre les trois hypothèses que nous
venons d'énumérer, l'accord est donc facile et, de cette
harmonie si naturelle résulte ce que nous avons ap-
pelé l'unité réelle, bien que peu apparente au premier regard, du modernisme, la plus formidable
entreprise de destruction dont l'Église catholique ait
été l'objet, depuis l'hérésie arienne et la réforme
protestante.

LE KANTISME ET LE GERMANISME CONTEMPORAIN

Convient-il, pour achever ce tableau, de relier les
principes du germanisme, auxquels nous devons la
guerre présente, au subjectivisme de Kant? Deux
idées résument le système de philosophie politique
officiellement professée en Allemagne : le droit supé-
rieur de la race allemande à dominer le reste du
monde et la glorification de la force. Cherchons à
déterminer l'origine de l'une et de l'autre.

Le tempérament germanique est, par certains côtés,
d'un réalisme qui engendre aisément la grossièreté.
L'influence prussienne n'avait fait que croître en
Allemagne depuis le Grand Frédéric, le temps de
l'époque napoléonienne excepté ; elle y est devenue
prépondérante, même exclusive, à partir de 1866 et
surtout du rétablissement de l'empire. Le militarisme
de la Prusse, son esprit d'organisation, ses procédés
centralisateurs se sont imposés à l'Allemagne tout
entière, y développant avec rapidité et dans d'énormes
proportions des aptitudes incontestables à la vie
pratique. De là un essor extraordinaire du commerce
et de l'industrie, cette politique de colonisation anti-

pathique pourtant à Bismarck, mais dont les résultats grandissent sans cesse; enfin le perfectionnement d'une armée cent fois mieux préparée que ses rivales à la guerre scientifique du xxᵉ siècle. Fiers de leur prospérité croissante, les sujets de Guillaume II, dans toutes les régions de l'empire, se sont si étroitement attachés au régime nouveau qu'ils le regardent comme la condition essentielle de la grandeur de leur patrie. Ils se sentent forts, ils ont confiance dans leur supériorité militaire et dans l'ordre qu'ils savent mettre en toutes choses; rien ne leur est donc plus facile que de conclure de faits indéniables à leur soi-disant mission de nation élue et au droit qu'ils s'attribuent de régner sur les autres peuples.

Mais l'Allemand n'a pas moins d'attrait pour les spéculations métaphysiques et mystiques que pour la réalité brutale. Son âme est faite de contrastes, on pourrait dire de contradictions. Mis au service d'appétits qu'entretient une orgueilleuse arrogance et puissamment aidé à son tour par des habitudes universelles de travail discipliné, l'idéalisme philosophique, loin d'être une lumière et une règle, est devenu simplement un moyen de donner à la mégalomanie et à l'ambition nationale de nos ennemis l'apparence d'une doctrine rationnelle. Les professeurs de l'Institut catholique de Paris, dans leur réponse au fameux manifeste des quatre-vingt-treize intellectuels d'outre-Rhin, ont très nettement décrit les défauts de cet idéalisme transcendental : *il dédaigne les données du sens commun, il établit des cloisons étanches entre le monde des phénomènes et celui de la pensée, entre le monde de la raison et celui de la morale et de la religion.* Ne peut-on pas dire en conséquence qu'il « a préparé le terrain aux prétentions les plus extravagantes d'hommes qui, pleins de confiance en leur propre esprit et se tenant eux-mêmes pour des êtres supérieurs, se sont cru le droit de s'élever au-dessus des règles communes ou de les faire plier à leur fantaisie ? » (1).

Les principaux docteurs de la fantaisie allemande s'appellent, sans doute, Fichte, Hégel, Nietzsche. Il y en a encore d'autres. Mais, on s'en souvient, leur philosophie ou bien découle de celle de Kant comme un effet de sa cause, ou bien s'explique par elle. Le subjectivisme a seul rendu possible leurs excès, en particulier ceux des théories évolutionnistes sur la lutte pour la vie. Comme l'observent avec beaucoup de justesse les signataires du document que nous venons de citer, entre la négation de toute valeur objective de la sensation ou de la pensée et l'idée de l'indépendance absolue de l'esprit, il n'y a qu'une faible distance. Puisque le moi fait la vérité au lieu de la percevoir, rien ne l'oblige à compter sur d'autres énergies que les siennes. Le peuple qui a découvert de tels principes n'est-il pas nécessairement au-dessus de tous les autres? Le moi créateur de ses propres conceptions, c'est le moi allemand; donc toutes les supériorités lui appartiennent et partant tous les privilèges. Le droit est-il autre chose que l'épanouissement de sa force? De ce droit l'État a la garde et l'interprétation. État puissamment hiérarchisé et organisé, il a mission de conduire le peuple à toutes les conquêtes, car au peuple élu de Dieu, « rien n'est interdit de ce qui peut l'aider à assurer sa domination. Qu'on ne lui parle pas d'un droit irrévocable! Le droit est ce qui est écrit dans un traité. Un

____

(1) *La guerre allemande et le catholicisme*, p. 284.

traité est ce qui enregistre la volonté du vainqueur, c'est-à-dire la direction actuelle de sa force : donc, la force et le droit sont la même chose; et s'il plaît à la force de prendre une direction nouvelle, l'ancien droit devient de l'histoire ancienne, le traité qui le consacrait n'est plus qu'un chiffon de papier » (1).

La rigueur ne manque pas à des raisonnements de cette sorte. Du point de départ au dernier sophisme, l'enchaînement est facile à reconnaître ou, si vous le préférez, la pente était si rapide que la logique des disciples et des successeurs de Kant devait la descendre rapidement. Il serait exagéré de dire que tout le monde admet, en Allemagne, de semblables théories. « Il y a, remarque Mgr Chapon, la foule des illusionnés et des inconséquents dont la foi chrétienne, sincère et parfois ardente, réprouve implicitement et même explicitement les erreurs dont elle subit ou accepte d'ailleurs les conséquences avec le système qu'elles ont enfanté : ainsi s'explique l'alliance des catholiques avec les fauteurs les plus avancés du pangermanisme et parfois l'identité de leur langage violent et sanguinaire. Mais quelle que soit la manière dont les uns et les autres s'accommodent de la doctrine devenue officielle et nationale, le fait est qu'ils s'en accommodent (2). » A cette alliance tantôt consentie, tantôt à demi involontaire, ajoutez celle de l'esprit mystique avec le réalisme de l'âme teutonne ; rappelez-vous que l'habitude de l'ordre dans la vie civile et dans l'armée, l'ensemble d'idées et de dispo-

____

(1) H. Bergson, *La Signification de la guerre*. Discours prononcé à l'Académie des sciences morales et politiques, le 12 décembre 1914, p. 15. *Pages actuelles n° 18*. Bloud et Gay, éditeurs.

(2) *L'Allemagne et les Alliés devant la doctrine chrétienne. La France et l'Allemagne devant la doctrine chrétienne*, p. 4.

sitions que l'on appelle le militarisme sont des éléments d'orgueil national, et vous n'aurez plus à chercher les causes de l'état psychologique dans lequel se trouve le peuple allemand ; la direction de sa conscience et de son activité ne vous étonneront plus.

M. Bergson croit qu'en Allemagne la philosophie a été *simplement* la *transposition intellectuelle de la brutalité des appétits et des vices de la race.* « Il en est ainsi généralement, dit-il, des doctrines par lesquelles les peuples ou les individus expliquent ce qu'ils sont et ce qu'ils font. L'Allemagne n'eut-elle pas trouvé chez elle la philosophie qu'il lui fallait, elle se la fut procurée à l'étranger (1). » C'est possible, cependant l'influence des idées sur les faits ne peut être mise en doute par aucun observateur éclairé des choses germaniques. Le Kantisme a été l'un des éducateurs responsables de la mentalité allemande au temps présent.

En résumé, dans son propre pays, la philosophie critique a partout commencé ou continué le travail de destruction intellectuelle dont il est impossible de contester les pernicieux effets. Par elle, la doctrine de l'Église luthérienne s'est facilement transformée en symbolisme tantôt rationaliste et tantôt sentimental ; par elle, le modernisme, œuvre plus radicale encore de négation, a ébranlé toute foi religieuse ; par elle, les systèmes qui déifient la force jusqu'à en faire la justification la plus éclatante du droit, ont pu séduire un grand nombre d'esprits sans se heurter à une résistance tant soit peu énergique. L'Allemagne contemporaine ne se trompe pas, lorsqu'elle se glorifie d'être la fille de Kant.

-----

(1) H. Bergson, *op. cit.*, p. 26.

III

L'œuvre du Kantisme en France et dans le monde de la pensée en général.

LE KANTISME N'A PU RIEN FONDER

1° *En métaphysique.*

Examinons maintenant l'œuvre opérée en France, ou plutôt dans le reste du monde où l'on pense, par le criticisme. Ce qu'il importe de constater, en premier lieu, c'est que cette œuvre, au point de vue spéculatif, est surtout négative. L'adhésion complète et souvent enthousiaste qu'un grand nombre de nos penseurs ont donnée aux sophismes de Kant a été féconde en ruines, sans rien fonder de solide. On n'accepte plus l'autorité de la raison, aucun critérium de certitude ne reste intact. Quelle construction métaphysique s'élèvera jamais sur le scepticisme ?

Trois systèmes pouvaient se présenter comme les héritiers du subjectivisme ; nous les avons vu grandir parmi nous, mais pas plus que la doctrine qui avait préparé leur terrain d'éclosion, ils n'ont fait progresser la spéculation française : les lecteurs ont nommé le positivisme, le panthéisme ou monisme et le phénoménisme. Du premier, nous avons suffisamment parlé ; ses principes agnostiques interdisent l'étude des substances et des causes. Il s'est évidemment proposé d'exiler la métaphysique au pays des chimères. Le second, nous en avons déjà montré les rapports d'origine avec la philosophie critique, n'est que la forme moderne du vieux panthéisme. Qu'il soit le fruit de l'idéalisme ou qu'il réduise toutes choses à la matière, qu'il accepte ou non l'hypothèse de l'évolution, il aboutit toujours au même résultat, ou plutôt aux mêmes désastres, puisqu'il confond les unes avec les autres les choses que la droite raison estime les plus opposées, les plus irréductibles : les sens et l'esprit, le contingent et le nécessaire, le fini et l'infini. Le monisme sait captiver des intelligences raffinées que les contradictions attirent plus qu'elles ne les étonnent, ou qui se plaisent aux hypothèses grandioses; il blesse trop rudement les notions fondamentales du bon sens pour rayonner au delà des limites d'une étroite enceinte. Syncrétisme où s'amalgament sans se fondre dans l'unité harmonieuse qui est le signe de la vérité les antinomies les plus choquantes, on pourrait le définir un amas de paradoxes à l'usage d'esprits blasés toujours en quête d'interprétations nouvelles des faits, mais incapables de sortir du cercle étroit où les erreurs les plus évidentes s'enchaînent logiquement. Il ne pénétrera jamais dans les régions populaires, mais il en forme ou déforme depuis de longues années déjà les principaux maîtres qui le prennent pour une découverte de la science contemporaine.

Le phénoménisme n'est pas nouveau non plus ; Hume au xviiie siècle, Taine au xixe, Renouvier jusqu'au xxe l'ont enseigné avec éclat; n'est-il pas le fond même, s'il n'est pas étrange d'appliquer cette expression au système du devenir, des exposés séduisants auxquels certaines thèses fort intéressantes et surtout le talent prestigieux de M. Henri Bergson ajoutent tant de charme? Celui-ci entend bien que par l'intuition l'homme peut atteindre le réel posé en dehors de lui. « Toute la philosophie moderne, dit-il quelque part, s'était enfermée dans l'étude du sujet pensant, sans pouvoir en sortir, comme dans un trou où l'on étouffe. » Mais l'objet dont il parle est « une continuité de durée avec laquelle nous sommes mis en contact et que nous devons essayer de suivre, soit vers le bas, soit vers le haut » (1). Continuité de durée, en d'autres termes, succession, mouvement de phénomènes que ne relie aucun support permanent : voilà bien le phénoménisme. Or, quoiqu'on le nie, ce système, lui aussi inaccessible à la raison commune, ne parvient pas à se déprendre de l'étreinte subjectiviste. L'objet dont parle M. Bergson, ce ne sont que des images, images que la mémoire déroule au regard de l'esprit et, par conséquent, c'est en nous que le réel prend conscience, en nous qu'il devient ce qu'il est.

Depuis l'invasion du Kantisme en France, la philosophie — la philosophie non catholique — n'a su produire que les conceptions positivistes, monistes ou phénoménistes. Nous ne voulons rien exagérer, notre devoir est de rendre à chacun la justice qui lui est due, motif de plus pour déclarer à la lumière des faits que nous ne nous trompions pas en affirmant que l'œuvre du criticisme, dans notre pays, et ailleurs, du reste, avait été, au point de vue spéculatif, purement négative. L'élan de la pensée française et humaine s'est arrêté !

Elle aurait pu s'élever très haut. Les progrès scientifiques lui fournissent une occasion continuelle d'appuyer ses investigations sur une base aussi solide

----

(1) *Introduction à la métaphysique (Revue de métaphysique et de morale*, janvier 1913, p. 24-26.)

que large. Mais, égarée dans le dédale d'analyses sans issue, elle a oublié qu'elle avait des ailes ; tout au moins ses ailes n'ont pu se déployer. « Ce nous est une profonde douleur, écrivait Léon XIII, que depuis quelques années des catholiques aient pu se mettre à la remorque d'une philosophie qui, sous le spécieux prétexte d'affranchir la raison de toute idée préconçue et de toute illusion, lui dénie le droit de rien affirmer au delà de ses propres opérations... Il est profondément regrettable que ce scepticisme doctrinal, d'importation étrangère et d'origine protestante, ait pu être accueilli avec tant de faveur dans un pays justement célèbre par son amour pour la clarté des idées et pour celle du langage (1). » En vérité, il est temps qu'après les catholiques, les hommes qui observent et réfléchissent s'éloignent définitivement des régions malsaines où le culte superstitieux du subjectivisme répand ses ténèbres.

2° *En morale.*

Impuissante en tout ce qui est théorie pure, la philosophie kantienne a-t-elle enfin tenu ses promesses dans l'ordre de la morale ? Pas davantage. L'auteur de la *Critique de la raison pratique* croyait avoir démontré par des arguments péremptoires le caractère objectif de l'impératif catégorique ; il méconnaissait simplement l'unité de l'esprit humain. La scission de notre faculté de connaître en deux compartiments dont l'un reste clos et l'autre s'ouvre aux régions du soleil en vertu d'une nécessité que le

---

(1) Encyclique *Depuis le jour* à l'Episcopat et au Clergé de France, 8 septembre 1899.

premier devrait aussi bien subir que le second, est un défi au bon sens. Voilà pourquoi les disciples de Kant, nous n'avons pas manqué de le dire, ont, pour la plupart, étendu leur scepticisme aux principes de l'éthique. Nombreux sont, parmi nous, les moralistes qui n'accordent plus au devoir, au droit, même à la distinction du bien et du mal, qu'une valeur relative, variable suivant les temps, les lieux, les hommes. Il n'y a pas, à les entendre, de morale absolue, mais des mœurs dont ils étudient l'histoire et excusent trop souvent les défaillances les plus douloureuses. Est-il nécessaire de signaler le péril de semblables aberrations? Quelle digue cet amoralisme sera-t-il capable d'opposer aux flots des idées subversives et des excitations perverses? Nous protestons à juste titre contre la conception allemande du droit, mais à travers certaines professions de foi où retentissent de virulentes déclamations sur la justice et la liberté, serait-il difficile de découvrir l'apologie de la force? Le soi-disant dogme de la souveraineté du peuple, le fétichisme de la légalité, tels et tels articles du credo socialiste ne sont pas autre chose que des applications de la fameuse maxime : *le droit du plus fort est toujours le meilleur.*

Au reste il ne suffirait pas d'admettre l'objectivité de la raison pratique pour accepter en pleine sécurité une morale qui a reçu pourtant de fort beaux éloges. Kant fait consister le droit dans « l'ensemble des conditions auxquelles le franc arbitre de l'un peut se concilier avec le franc arbitre de l'autre » (1). Cette définition est évidemment fausse. Fausse aussi et très nuisible, nous l'avons observé, la prétention

---

(1) Th. Desdouits, *La Philosophie de Kant*, p. 349.

de faire du bien la conséquence de l'obligation ; déplorable au premier chef l'omission chère aux laïcisateurs de notre temps de tout devoir envers Dieu. Pas plus en morale qu'en spéculation, le Kantisme n'a été fécond. S'il est juste d'avancer que sur plus d'un point son fondateur a fait preuve d'une extraordinaire puissance de pénétration, nous devons affirmer que, d'une manière très générale, il a posé des obstacles, entravé la marche de l'esprit philosophique, frappé de stérilité les plus belles et les plus hautes aspirations de l'âme humaine.

Nous n'hésitons pas davantage à regretter que beaucoup de savants éclairés et consciencieux aient cédé à l'espèce d'engouement de leur époque pour le subjectivisme.

LES DOCTRINES DU KANTISME SONT INCOMPATIBLES AVEC LES PRINCIPES SUR LESQUELS REPOSENT LES SCIENCES DE LA NATURE

Certes, le développement des sciences est distinct des fluctuations de la philosophie. Le mathématicien opère sur des données *a priori* et les théorèmes dont il forme une chaîne rigoureuse sont indépendants des contingences extérieures. Le physicien ou le naturaliste tâchent de grouper les faits qu'ils ont observés et de découvrir les formules des lois qui régissent ces mêmes faits. Il importe, néanmoins, de se rappeler que la science expérimentale suppose démontrés plusieurs principes philosophiques, ceux-là même que Kant a le plus habilement attaqués.

Et, d'abord, les expériences opérées dans un laboratoire quelconque sont inséparables des concepts d'espace et de temps, concepts totalement dépourvus d'objectivité, selon le chef de l'École. Elles recherchent l'ordre qui relie entre eux les phénomènes similaires et même les groupes de faits différents. Cet ordre, évidemment stable, résulte de lois permanentes elles aussi, et les rapports qu'elles expriment sont nécessaires, encore qu'elles-mêmes soient contingentes. Or, Kant les considère comme de purs concepts de l'esprit. Les phénomènes ont pour supports des substances ou noumènes, sans quoi il n'y aurait dans le monde que des mouvements fugitifs; ils sont produits par des causes, mais, selon notre philosophe, les idées de substance et de cause appartiennent au monde transcendental des catégories. L'observateur ne peut renoncer au principe de finalité, car dès là qu'il y a unité dans la nature, l'organisation y règne, et l'organisation consiste dans l'appropriation des parties au tout. Mais qu'il s'agisse de la finalité interne, celle à laquelle Kant s'attache de préférence, ou de la finalité externe que l'on a « tant de fois combattue au nom de la science, quoique seule l'idée de la finalité puisse établir l'accord et la cohésion entre les divers résultats de l'investigation humaine » (1), nous nous heurtons encore aux négations de la critique. On discute pour savoir si Kant s'est servi ou non du principe de la finalité interne comme de l'impératif catégorique pour reconstituer l'objectivité des choses. Si des opinions contradictoires sont possibles sur un point de telle importance, c'est que la doctrine du philosophe manque de clarté et de fermeté.

L'observation et l'expérience procèdent donc

---

(1) Abbé DE BROGLIE : *Le Positivisme et la science expérimentale*, t. I, p. 517.

comme si un certain nombre de notions fondamentales étaient objectives, mais parce que Kant réduit le réel connaissable à des phénomènes, dont, en définitive, nous ignorons la nature — l'intuition sensible ayant, selon lui, pour condition essentielle l'usage de principes subjectifs *a priori* — il retire à la science toute valeur absolue. A l'entendre, « la logique, les mathématiques et la physique elle-même ne sont que les lois de notre esprit et non des choses, elles ne nous apprennent pas comment sont les choses, mais comment elles seraient si elles étaient comme nous les pensons. La méthode expérimentale, que Bacon a si bien déterminée et à laquelle la physique doit tous ses progrès, consiste précisément à faire dire à la nature ce que notre esprit lui dicte » (1). Se retrouver dans la nature, substituer ses conceptions aux lois qui la gouvernent, si toutefois le subjectivisme consent à reconnaître qu'elle est soumise à ces lois, se mirer en elle, voilà donc à quoi peut aboutir l'effort de l'homme pour pénétrer les secrets du monde extérieur. Il s'imaginait que l'emploi de méthodes vérifiées mille fois par le plus minutieux contrôle lui permettrait de déchiffrer peu à peu l'énigme qui le tourmente. Illusion; plus il scrute, plus il multiplie ses essais de toutes sortes : analyses, comparaisons, hypothèses, inductions, moins il avance, c'est lui, toujours lui et rien que lui qu'il rencontre, quand il lui semble avoir conquis quelque parcelle de terrain dans la région de l'inconnu.

Singulière coïncidence : M. Bergson, qui se défend d'être kantiste, professe la même opinion sur les sciences, puisqu'il tient la matérialité pure et

____

(1) TH. DESDOUITS, *La Philosophie de Kant*, p. 366-367.

l'espace pour des formes artificielles de l'esprit et qu'il fait de ces formes développées progressivement en concepts, l'origine de la science positive. Aussi bien cette science n'est-elle, pour les pragmatistes contemporains, qu'un ensemble de notions utiles. Elle ne nous apprend rien de l'organisation du monde, nous sommes condamnés à tout ignorer de tout, mais elle met entre nos mains des instruments à l'aide desquels nous pouvons rendre notre vie plus facile, partant plus agréable. Industrie, arts variés, agriculture, colonisation, commerce, voilà les seuls buts de la science, quand on n'y ajoute pas celui de centupler les moyens de destruction et de carnage. Il faut avouer que nos savants sont d'humeur complaisante s'ils n'élèvent pas plus haut ou n'étendent pas plus loin leurs espérances.

Nous avons le droit de croire que beaucoup d'entre eux ne se contenteront jamais de poursuivre cet idéal abaissé. « Au nom de principes *a priori*, remarque finement l'abbé de Broglie, (Kant) a défendu à la science de rien savoir sur la nature des êtres. La science, imitant le philosophe antique qui répondait en marchant à celui qui niait le mouvement, a répondu au scepticisme par la découverte des réalités cachées sous l'apparence visible du monde, c'est-à-dire par l'application exacte de cette distinction (1) dont Kant avait abusé pour établir son système (2). » Comment supposer, sans entrer dans le domaine de l'absurde, que tant de travaux n'ont abouti et n'aboutiront qu'à exprimer par des symboles impénétrables une objectivité qui nous fuit? Les sensations sont

----

(1) La distinction entre les phénomènes et les noumènes.
(2) Abbé DE BROGLIE : *op. cit.*, t. I, p. 525-526.

des signes, c'est évident, et les idées des interprétations, mais qu'il soit impossible d'aller du signe à
la chose signifiée, et que l'interprétation relève de
l'arbitraire, nous l'admettons d'autant moins qu'il y
a correspondance exacte entre les lois objectives
déclarées inconnaissables et les prétendues créations
du moi. Pour expliquer cette harmonie, dans le système subjectiviste, il faut logiquement identifier le
réel et l'idéal, et comme Schelling ou Hegel, conclure au panthéisme. Au fond, Kant a émis, à titre
d'hypothèse seulement, que l'accord des lois de la
nature avec celles de notre esprit pouvait n'être,
après tout, que l'effet d'une seule cause efficiente (1).
Telle est l'impossibilité de se mouvoir dans les
limites étroites de la philosophie critique sans mé-
riter le reproche de se contredire.

Ecoutons M. Paul Janet : « Tant qu'on n'a vu dans
le monde extérieur, comme le pyrrhonisme de l'anti-
quité, que des phénomènes variables et changeants,
sans autre lien que celui qu'établissent l'imagination
et l'habitude, on comprend jusqu'à un certain point
le scepticisme à l'égard du monde extérieur; mais
lorsque par l'analyse, l'expérimentation et le calcul,
on vient à déterminer *a priori* l'ordre dans lequel les
phénomènes devront se produire, lorsque l'induction
dépassant les limites de toute expérience, pénétrant
dans le passé, reconstruit l'histoire du monde avec
une admirable précision, qui pourrait ne voir là que
le rêve de l'imagination, le fantôme d'une cause subjective ? (2) » Ce langage est celui de la raison toute

---

(1) *Analytique et jugement téléologique*, §§ 76 et 77.
(2) *Revue des Deux-Mondes*, mars 1865; *Pascal* et *Kant*.

simple; il serait incompréhensible que des savants refusâssent d'y adhérer.

Beaucoup, parmi eux, ne s'expriment pas autrement, mais la juste défiance que leur inspire l'idéalisme et la tendance qu'ils ont reçue de leur siècle à faire peu de cas de la métaphysique, les exposent à des erreurs non moins graves que celles de Kant ou de ses admirateurs. M. Paul Bourget, dans un écrit qui a eu l'année dernière un retentissement légitime, met sur les lèvres d'un professeur moniste de la Faculté de Médecine, Michel Ortègue, des paroles comme celles-ci : « Il s'agit de nous faire une conception du monde en accord avec les données de l'expérience scientifique, données que nous devons avoir le courage de considérer comme intangibles. Or, de toutes les conceptions, une seule ne contredit pas ces données : une matière éternelle, infinie, toujours identique à ses éléments et ses lois, qui crée, détruit, renouvelle inépuisablement, sans commencement, sans terme et par conséquent sans but (2). »

Accepter le Kantisme ou professer des aberrations aussi funestes, aimer passionnément la science, y dépenser des trésors d'intelligence, de patience, de vie, pour arriver, comme à une conclusion suprême, ou bien aux négations radicales du criticisme, ou bien aux doctrines aussi décevantes que prétentieuses du scientisme athée, quel dilemne! On peut heureusement ne pas s'y enfermer, mais concevoir avec plus de grandeur et en même temps de justice, la noble mission de la science humaine.

---

(2) *Le sens de la mort*, 3ᵉ partie; *Revue des Deux-Mondes*, 1ᵉʳ septembre 1915. p. 10-11.

Nous touchons au fond même de l'enquête que le présent travail se propose de faciliter ; le système de Kant, non seulement n'a produit dans l'ensemble aucune œuvre féconde, mais il compromet la dignité de la science, en rapetisse l'action, et finalement mine le crédit de l'esprit humain. Entre Pyrrhon et le philosophe de Kœnigsberg, il n'y a aucune différence essentielle, les sophismes du second ont une apparence plus spécieuse et mieux ordonnée que ceux du premier, mais les causes de l'un et l'autre scepticisme étant identiques, les effets le sont aussi. Il n'est donc que juste de regarder Kant, l'un des penseurs qui ont pratiqué avec une maîtrise supérieure l'art de la discussion et de l'analyse, comme l'un des plus redoutables ennemis de la raison. Est-il permis de dire que, fatigué par l'usage qu'il faisait d'un instrument dont il avait expérimenté mieux que personne l'imperfection, il a voulu se venger de sa lassitude en détruisant les armes qui lui avaient procuré tant d'amères déceptions ? Peut-être ; dans ce cas les représailles ont été terribles ; elles ont occasionné dans le monde intellectuel un de ces ébranlements dont les effets se perpétueront longtemps. Pour réparer de telles catastrophes, il faudra de patients labeurs s'éclairant à la lumière de principes tout opposés.

Le subjectivisme n'est pas d'ailleurs une création de Kant ; il est contenu en germe dans les doctrines de Leibnitz et on a le droit de soutenir, comme nous l'avons dit, que Descartes en avait déjà jeté la semence. C'est au moment où la scolastique est en pleine décadence et où l'Ecole abuse de l'argument d'autorité comme du procédé déductif, que l'esprit humain affirme sa résolution d'être son propre guide à travers les difficultés de la recherche philosophique. Rien ne paraissait plus louable et cependant, à partir de cette heure, la raison que le xviii° siècle élèvera jusqu'aux honneurs divins, commence à se déprécier et à se combattre elle-même. Plus ses adorateurs l'exaltent, et plus elle se fait modeste et s'efface. Le sensualisme de Condillac et le matérialisme de certains amis de Voltaire, qui lui, pourtant, croyait en Dieu, ne rencontrent d'autres adversaires, pendant la dernière période de l'ancien régime, que Rousseau. Or, Jean-Jacques s'appuie beaucoup plus sur le sentiment que sur des principes rationnels. Au xix° siècle, Kant survient et, à son exemple, à sa suite, la pensée rationaliste s'emprisonne dans une sorte de cachot ténébreux où elle va mourir. Ce sont les amis de la raison, ses amis fervents, enthousiastes, ceux-là même qui, avec tant de colère et d'amertume ont accusé la foi d'éteindre toute lumière, ceux encore qui ont inscrit le droit à la pensée libre au frontispice de leur pompeuse déclaration des prérogatives imprescriptibles de l'homme, ceux qui ont toujours aux lèvres les mots de progrès, de civilisation, d'émancipation de l'esprit et de la conscience, ce sont ces étranges philosophes qui ont le plus mal parlé de la raison. Non contents d'en signaler les lacunes, ils ont exagéré sa faiblesse, qui plus est, ils la déclarent impuissante à découvrir la vérité. Aussi bien, effrayés de tant d'audace, s'efforcent-ils de dissimuler les ruines que la critique amoncelle. Leur seule ressource est de supprimer l'auguste notion de vérité. La raison, disaient nos ancêtres, est faite pour la vérité ; mais non, il n'y a plus que la pensée, une pensée sans d'autres objets qu'elle-même. Que reste-t-il donc, après de si vastes démolitions? Il reste le talent, qui, paraît-il, a tous les droits, le travail qui se complaît dans ses propres énergies, la science expérimentale dont profite le bien-être de tous, la force pour jouir davantage, la vie individuelle que chacun peut vivre à son gré; il reste le moi orgueilleux, incapable de subir aucun joug. La liberté a pris la place de la raison et de la vérité, pourtant les outils qui ont sapé l'une, ont battu l'autre en brèche. Le déterminisme, disions-nous tout à l'heure, est l'un des dogmes le plus universelle-ment proclamés par une philosophie qui affecte de n'en reconnaître aucun.

Pendant que le rationalisme continue son œuvre de néant, l'Église prend en mains la cause de la dignité de notre nature. Elle a souvent défendu contre les théologiens hérétiques, protestants et jansénistes, les prérogatives de la liberté morale; d'autre part, les systèmes fidéistes et le traditionalisme lui ont paru, et à juste titre, aussi dangereux, aussi faux que la philosophie allemande du xixᵉ siècle. En 1870, le Concile du Vatican, tout en préparant la définition de l'infaillibilité pontificale, que Bismarck considérait, non moins que les libres-penseurs de toutes les parties du monde, comme un défi à la pensée moderne, affirme solennellement les droits de l'esprit humain. Le contraste est frappant. Livrée à ses forces et affranchie de toute autorité, la raison s'épuise dans de tels excès ou se perd dans de si ténébreux laby-rinthes, que le découragement s'empare d'elle, et que le scepticisme, c'est-à-dire l'abstention, lui semble son unique refuge. La religion professe des principes plus sages et évite ces lamentables aventures. Elle ne permet, en effet, ni à la foi de prendre la place de la raison, ni à la raison de s'épuiser, en cherchant à prouver sa valeur par des arguments subtils ou plutôt impuissants, car la raison ne se démontre pas. Mais elle assigne à chacune de nos facultés de connaître sa sphère d'activité, où chacune peut se mouvoir librement. Fénelon écrivait, dans l'un de ses ouvrages, que nous avions encore plus besoin de raison que de foi; ce n'est pas, en effet, la foi que la raison a vaincue, c'est sa propre autorité qu'elle a compromise et qu'il est du devoir de la saine philosophie de restaurer.

IV

La philosophie catholique peut seule réparer les ruines accumulées par le Kantisme.

APRÈS LA GUERRE, NOUS AURONS BESOIN
D'UNE PHILOSOPHIE MEILLEURE

Le besoin d'une philosophie meilleure se faisait déjà sentir au cours des années qui ont précédé la guerre. Beaucoup d'esprits indépendants, et non de la moindre culture, ne cachaient pas l'état de lassitude dans lequel les vaines disputes du scepticisme les avaient jetés. Les raffinements intellectuels peuvent plaire au dilettantisme d'une société dont l'élégance tantôt savoure les sensations complexes de l'inquiétude ou de la rêverie, tantôt affecte de confondre une critique légère avec la grâce et le bon goût. La génération nouvelle se distingue de la précédente par le désir de rompre avec des méthodes qui ébranlent ou renversent, mais ne construisent rien, avec des idées sans influence efficace sur la direction toujours plus difficile de la vie. Brunetière était revenu à l'Église parce que la nécessité d'une règle s'imposait à sa pensée. Il a eu des imitateurs; il en aura davantage bientôt, car c'est un fait que la volonté des jeunes gens qui arrivent aujourd'hui à l'âge de la réflexion personnelle, est de poursuivre un idéal capable d'éclairer leur conscience. On comprend enfin que cet idéal doit plonger ses racines dans l'intime de la réalité, sous peine d'être chimérique et de pure convention.

A notre jeunesse que les enseignements de la guerre rendront plus vigoureuse encore, il faudra donc une philosophie. Ce ne sera pas à l'Allemagne qu'elle ira demander la lumière, bien différente en cela, comme en beaucoup d'autres choses, de ses devancières; son choix écartera de même toute doctrine qui ne concilierait pas vraiment le respect de la tradition française avec l'intelligence des temps qui commencent. Les conditions qu'elle exigera de l'école à laquelle elle s'attachera seront au nombre de trois : 1° l'affirmation très nette de la légitimité de la connaissance; 2° des solutions métaphysiques qui assouvissent, sans le décevoir, l'attrait indestructible de l'esprit pour l'absolu et l'infini; 3° un ensemble de principes auxquels la vie morale de la société contemporaine puisse se conformer.

LA SEULE PHILOSOPHIE QUI RÉPONDE AUX ASPIRATIONS
DE L'AME CONTEMPORAINE EST LA PHILOSOPHIE
CATHOLIQUE.

Or, cette doctrine à la fois traditionnelle et progressive, intellectualiste mais nullement incompatible avec l'esprit scientifique, aussi prudente que hardie dans l'examen des problèmes de la métaphysique, éminemment propre à établir les bases de la morale nécessaire à tous les siècles, en particulier au nôtre, on la chercherait inutilement dans la mêlée des systèmes modernes. Elle existe néanmoins, c'est la philosophie catholique dont le maître le plus glorieux est saint Thomas d'Aquin. Nous espérons montrer en peu de mots qu'elle satisfera les aspirations énumérées plus haut.

ELLE RÉSOUT SAGEMENT LE PROBLÈME
DE LA CONNAISSANCE

Notre philosophie pose en principe que les facultés cognitives de l'âme atteignent leur but lorsqu'elles reçoivent normalement le choc du réel et exercent leur activité d'une manière régulière. Qu'est-ce qu'une machine qui se meut sans faire le travail pour lequel elle a été construite, qu'un organisme réputé vivant, mais ne s'adaptant à aucune des fonctions de la vie ?

De toute nécessité, il faut, ou que celles de nos puissances dont l'acte de connaître est l'unique raison d'être, ne connaissent pas, ce qui est absurde, ou qu'elles nous mettent en rapport exact avec un objet distinct d'elles-mêmes. Pas de milieu entre cette alternative; il est étrange qu'on soit obligé, depuis trois mille ans que les hommes philosophent, de combattre pour l'affirmation de telles évidences.

Dans l'ordre sensible, on doit admettre déjà l'objectivité de la connaissance. Nos sensations ne peuvent être simplement des états subjectifs; elles doivent sans doute être interprétées, coordonnées, rectifiées par la raison, mais ce qu'elles sont capables de connaître, elles le perçoivent exactement et leurs prétendues erreurs proviennent soit d'altérations de notre organisme, soit de l'abus que nous faisons parfois de leurs données élémentaires. Tel est le jugegent du bon sens, telle la conviction constante du genre humain. « Ne dit-on pas tous les jours : Une vérité tangible, une vérité palpable, pour exprimer celle dont l'évidence est la plus grande possible? (1) » C'est donc que, de l'avis de tous, il est juste de tenir pour évidemment recevable le témoignages de nos sens.

L'expérience est externe ou interne; où qu'elle existe, elle produit un contact avec une réalité que tantôt nous distinguons du moi, tantôt nous avons conscience d'être nous-mêmes. L'autorité de l'intelligence proprement dite ne le cède en rien à celle des sens ou de la conscience. Comment douter de la valeur objective des principes, *a priori* de la raison? Nous ne pouvons formuler aucun jugement qui ne suppose la vérité inconditionnelle, éternelle de plusieurs de ces notions premières. Inutile de les énumérer ici, puisque personne ne conteste que, sans elles, le raisonnement soit impossible. Mais, encore

____

(1) Abbé DE BROGLIE. *Le Positivisme et la science expérimentale* t. II, p. 28,

une fois, la pensée qui ne connaîtrait point d'objet extérieur à elle-même ne serait pas une pensée et, du moment que tels ou tels axiomes lui apparaissent évidents, c'est qu'ils le sont, c'est qu'ils disent efficacement ce qu'ils disent. Que l'homme ne se plaigne pas d'être dépourvu de tout moyen de prouver la légitimité de sa propre raison ; Dieu, si puissant qu'il soit, ne se démontre pas non plus à lui-même. Les idées qu'il contemple, ce qu'il voit, ce dont il vit, c'est sa substance. Il voit, il possède la plénitude de l'être, cela lui suffit. Nous, dans des régions moins hautes, nous vivons de nos idées, elles pénètrent si intimement dans les profondeurs de notre moi qu'elles sont nous-mêmes ; nous n'avons ni le besoin ni la possibilité de douter de notre être ; en douter ce serait encore l'affirmer.

Eclairé à cette lumière d'une incomparable clarté, l'esprit raisonne, et si les causes de sophismes sont aussi redoutables que nombreuses, s'il doit rencontrer sur sa route toutes sortes d'écueils, l'observation des règles de la logique le conduit à la vérité, c'est-à-dire à la conquête d'autre chose que la découverte des lois de sa pensée. Certes, nous ne savons le tout de rien, et quand nous nous élevons dans les sphères de la métaphysique jusqu'à Dieu, nous ne saisissons que des parcelles de la vérité, mais ce qui est saisi n'est point une représentation arbitraire et nécessairement inexacte d'une réalité qui se dérobe à nos investigations. « Nous admettons, écrit avec beaucoup de sagesse M. Paul Janet, que ces conceptions (les nôtres) lorsqu'elles sont le résultat du bon usage de nos facultés sont dans un rapport rigoureux avec les choses telles qu'elles sont en soi... en sorte que *bonté*, *sagesse*, *justice*, et en général ce qu'on appelle les attributs moraux (1) de Dieu, ne sont pas seulement de purs noms relatifs à notre manière de sentir, mais des symboles, des approximations de plus en plus fidèles de l'essence absolue considérée dans ses rapports avec les choses sensibles (2). » Nous ajoutons, nous, dans ses rapports avec les choses créées. La vérité, pour être incomplète, ne cesse donc pas d'être une équation entre le réel et l'idée. Cette équation ne s'étend pas à toutes les propriétés du réel, mais dans la mesure où elle s'établit, elle met notre intelligence en possession de ce qui est. Toute autre manière d'expliquer les opérations de l'esprit relève du scepticisme ; or, les diverses formes du scepticisme sont si intimement unies entre elles qu'il suffit de laisser un doute se glisser sur la validité d'un seul de nos actes cognitifs, pour ébranler les fondements du dogmatisme psychologique.

En conséquence, la saine philosophie ne doit admettre aucun autre critérium de certitude que l'évidence toujours subjective, sans doute, mais objective aussi. Ce n'est ni la nécessité logique, ni un judicieux calcul de probabilités, ni l'instinct, ni la volonté qui déterminent notre inévitable adhésion aux données des sens et de l'esprit. Nous possédons la vérité, parce que nous voyons les principes premiers et que, les ayant vus, nous avons le droit d'édifier en toute sécurité sur cette base solide la philosophie et la science.

Le bon sens nous oblige à penser de cette sorte, mais ici comme au point de départ de toute réflexion féconde, le bon sens est d'accord avec la science dont

____

(1) Pourquoi pas métaphysiques aussi ?
(2) *Les causes finales*, p. 534.

la méthode justifiée par tant de progrès a deux sources : l'expérience et les axiomes de la raison.

NOTRE MÉTAPHYSIQUE EST LA PLUS SATISFAISANTE
DE TOUTES

La philosophie catholique est la seule doctrine qui ait constamment maintenu dans une complète intégrité le principe fondamental de la certitude ; elle ne satisfait d'une manière ni moins sage, ni moins ferme le besoin que nous ressentons de déchiffrer l'énigme du monde, non pas assurément pour pénétrer jusqu'au fond les mystères intimes des choses, car ce serait impossible, mais afin de nous faire, sur la nature et sur Dieu, une somme d'idées conformes aux exigences de notre vie intellectuelle et morale.

Or, il n'y a guère, en métaphysique, la théorie de la connaissance mise à part, que trois grandes questions à étudier ; encore faut-il reconnaître qu'à les examiner de près, on découvre entre elles des liens si étroits que l'on ne peut mal raisonner sur la première sans se tromper sur les deux autres. Les rapports de la matière avec l'esprit, de la nécessité avec la liberté, du fini avec l'infini, voilà l'objet de points d'interrogation qui ont de tout temps tourmenté la pensée de l'homme. Indiquons rapidement la méthode dont a toujours usé la philosophie catholique et les solutions auxquelles il lui a semblé raisonnable de s'arrêter, dans l'examen de ces formidables problèmes.

Les erreurs des métaphysiciens les plus illustres et souvent les plus profonds, depuis les chefs des premières Écoles grecques jusqu'à nos contemporains, découlent surtout de deux causes : 1° on a regardé d'ordinaire les antinomies que la raison découvre, comme d'insurmontables obstacles à l'unité des choses ; 2° on a exagéré cette unité qui, du reste, n'est pas contestable, au point de la vouloir absolue. Par exemple, Descartes établit un abîme infranchissable entre la pensée et l'étendue, donc entre le monde de la matière et celui des âmes. De ce système Malebranche a fait sortir l'occasionnalisme ; d'autres en déduiront le subjectivisme. L'idéal et le réel paraissent à beaucoup de philosophes, non seulement distincts mais opposés. Ceux-ci supprimeront le réel pour mieux élever les constructions artificielles, quoique grandioses, de l'idéalisme ; ceux-là, au contraire, s'enferment dans les basses régions du sensualisme et du positivisme où bientôt leurs disciples deviendront la proie du matérialisme. Tous rencontrent sur la route où les entraîne, bon gré mal gré, la pente de leurs raisonnements, le système panthéiste. Ce colosse les guette et, quelque voie qu'ils suivent, qu'ils montent ou qu'ils descendent, il s'empare d'eux, les contraignant d'admettre, au nom de la logique, les confusions les plus contradictoires, dès lors les plus destructives de la raison elle-même.

La philosophie catholique a su éviter le péril ; elle conçoit le monde comme un vaste ensemble où règne sans doute une majestueuse unité, mais l'unité par l'harmonie et dans la diversité. Elle enseigne que si, par leurs propriétés essentielles, la matière et l'esprit, la nécessité et la liberté, le fini et l'infini sont irréductibles et incommunicables, ils peuvent, dans l'ordre concret, entrer en rapport les uns avec les autres et exercer, sans rien perdre de leurs caractères propres, une mutuelle action. Cette conception ne permet pas de tout expliquer, elle suffit néanmoins à poser tout d'abord les bases d'un système vraiment philosophique et à grouper dans une synthèse rationnelle les résultats les plus sûrs de l'observation interne ou externe, de l'induction et de la déduction.

Forte de sa méthode, la philosophie catholique, — on sait qu'elle se rattache aux principales thèses d'Aristote, — résout le problème des rapports de la matière et de l'esprit par la si lumineuse doctrine du composé humain. Il n'en est pas de plus simple ni qui s'accorde plus aisément avec les données scientifiques. De profondes analyses des attributs divins, notamment de la Providence, une interprétation sagement finaliste de la vie et de la nature, opposée aux erreurs mécanistes du déterminisme, permettent à nos maîtres de faire à la liberté une large place dans l'organisation du tout. Comme le disait Mgr d'Hulst, « l'harmonie du monde exige la liberté...; la loi universelle n'est pas la nécessité, c'est l'action d'abord enchaînée, puis graduellement desserrant ses entraves, jusqu'à ce que la raison l'affranchît enfin de la contrainte en l'y mettant en communion avec l'idéal (1) ».

Reste l'antinomie la plus difficile à résoudre : celle du fini et de l'infini, du relatif et de l'absolu. Quiconque voudra bien approfondir sans préjugé la théorie de la puissance et de l'acte, telle que l'a exposée saint Thomas d'Aquin d'après l'École péripatéticienne et son chef, sera frappé de la grandeur et de la simplicité qui la distinguent. Tout y est cohérent, ordonné, démontrable et démontré. Elle part de l'ex-

____

(1) *Conférences de Notre-Dame, Carême de 1891*, 3ᵉ conf., p. 129-130.

périence la plus accessible pour s'élever jusqu'à Dieu lui-même. Il n'est pas un être auquel elle ne s'applique, sans qu'il soit utile pour cela de sortir des limites de la vraisemblance et de faire bon marché du sens commun. Elle n'élucide pas complètement, c'est évident, le mystère de la coexistence de Dieu et de la nature, — mais à quelle philosophie sera-t-il loisible d'en conquérir le secret? Seulement elle prouve avec clarté, d'une part, qu'aucun des caractères distinctifs de l'être fini ne peut se trouver inclus dans la notion de Dieu, et, de l'autre, que des rapports intimes de ressemblance et de subordination rattachent la créature au créateur. Ces démonstrations, elle les appuie sur des arguments qui ne heurtent ni les notions du bon sens, ni les vérités acquises à l'expérience et à la raison. A-t-on le droit de demander à la métaphysique d'aller plus loin? Jamais penseur éclairé n'osera le prétendre. Cet exemple suffira; il n'est pas douteux que la philosophie catholique nous en offrirait beaucoup d'autres.

SEULE LA PHILOSOPHIE CATHOLIQUE PERMET DE DONNER A LA MORALE UN FONDEMENT IMMUABLE

Nous devons enfin à celle-ci l'exposé rationnel des principes et des règles d'une saine morale, de la morale vraiment universelle; aucune tâche n'incombera plus impérieusement à la philosophie de demain que de dégager cette morale des systèmes qui, en prétendant la mettre hors de conteste, n'ont réussi qu'à l'obscurcir. Faut-il le répéter encore avec tous les hommes qui observent le présent et se préoccupent de l'avenir, après la crise terrible que nous subissons, commencera, en France et dans toute l'Europe, un travail nécessaire mais très difficile de reconstitution. Partout le bouleversement aura été profond, partout les problèmes sociaux et politiques de la veille prendront une importance nouvelle; qui sait si les masses auront la patience d'attendre l'essai des solutions mesurées que les sages jugeront les meilleures?

Point d'illusion, c'est à l'Église que reviendra l'honneur de panser les plaies, hélas! très graves dont souffre le monde civilisé et, autant que possible, de les guérir. Seule la religion exerce une autorité assez haute et assez persuasive pour promulguer le code des droits et des devoirs. Seule elle communique à l'homme la force de dominer les passions mauvaises de sa nature. Frédéric Le Play, il y a déjà un demi-siècle, résumait les conclusions de sa vaste enquête, en affirmant que les nations étaient prospères dans la mesure où elles observaient les préceptes du Décalogue. La loi promulguée au Sinaï, complétée par la doctrine de l'Évangile, telle sera après la guerre, la morale régénératrice des individus et des peuples.

Nous ne commettrons certes pas l'erreur de confier à la philosophie les intérêts de notre salut même temporel. Pourtant la pensée spéculative a le droit de s'épanouir au sein d'un monde civilisé; puis donc qu'à le bien prendre elle dispose d'une influence considérable sur les hommes et sur les choses, il importe qu'elle justifie à l'aide de ses expériences et de ses constructions logiques l'enseignement de la religion. Accomplir par un mouvement parallèle à celui de la foi une œuvre de salubrité intellectuelle et morale, c'est en définitive sa mission et ce sera sa gloire la plus pure, car l'homme ne scrute pas pour de vains motifs les profondeurs de l'être. Quoique l'attrait de la recherche métaphysique soit une des nobles aspirations qui émeuvent son âme, le besoin de connaître dégénérerait trop aisément en curiosité et surtout en orgueil, si le savoir n'avait pour terme l'amélioration morale de la vie. On a mille fois redit ce mot de Bossuet : « Malheur à la connaissance qui ne se tourne pas à aimer ! » Platon avait-il pensé autrement, lorsqu'il élevait au sommet de la hiérarchie des idées celle du bien, lui rattachant et faisant dépendre d'elle tous les autres principes? Kant jugeait lui aussi que le bien était la perfection de l'être, il ne trouvait que dans cette notion suprême les caractères de l'absolu et par elle il reconstituait toute objectivité, depuis le moi jusqu'à Dieu. Très différentes sont, à coup sûr, nos conceptions et nos méthodes, mais nous constatons entre la réalité et l'œuvre de la raison des liens indissolubles. Impossible d'établir une doctrine solide des mœurs sans l'appuyer sur une saine métaphysique ; et, à son tour, la morale, lorsqu'elle a pour elle non seulement les principes de la philosophie mais l'assentiment du genre humain, corrobore et affermit du poids de son autorité l'édifice intellectuel dont elle est le nécessaire couronnement.

Or, l'école catholique a sans contredit dépassé toutes ses émules dans l'ordre de la spéculation morale. Ses thèses sur la fin de l'homme, l'essence du bien et du bonheur, du droit et du devoir, les rapports entre les exigences et les sanctions de la loi naturelle, ont triomphé de toutes les attaques. Elles appartiennent au patrimoine intangible de l'esprit et quiconque ose y porter une main imprudente ne réussit, — nous avons été sans cesse les témoins attristés de ce phénomène, — qu'à ébranler ce qu'il voulait rendre indestructible. L'histoire ne peut effacer le long travail de la pensée chrétienne; le supprimer, comme des esprits téméraires ou de parti pris ont la hardiesse de le tenter, ce serait dépouiller l'humanité de ses plus fécondes richesses.

De ce magnifique labeur, une grande part est l'œuvre de notre pays. Il est conforme à notre tempérament national de préférer à l'idée pure le point de vue qui intéresse la vie. Nous avons le goût des recherches spéculatives mais à condition que celles-ci éclairent les notions fondamentales dont l'intelligence a besoin, quel que soit l'objet de ses réflexions. Toutefois, le côté pratique du génie français ne se confond nullement avec le réalisme vulgaire de certaines races, car s'il est une patrie pour l'idéal, c'est bien la nôtre. Seulement, l'idéal qui nous charme le plus n'est point une conception abstraite, vague, artificielle de l'ensemble de l'univers, c'est la synthèse des principes qui révèlent à l'homme sa nature, son origine, sa destinée et par conséquent doivent diriger notre jugement, inspirer nos sentiments, fournir à nos efforts un but digne des plus généreuses ambitions.

Il serait facile de montrer, l'histoire à la main, que tel a toujours été le caractère distinctif de la pensée française. L'un des plus grands siècles de notre littérature, le XVIIe, n'a-t-il pas été une époque de connaissance du moi, de réflexion psychologique? Alors, nos grands poètes comme nos prosateurs classiques, comme les orateurs de la chaire chrétienne, excellaient dans l'analyse du cœur humain et de ses éternelles passions. A cet égard, leur supériorité est manifeste : aucun écrivain d'aucune langue ne les a jamais égalés. Au temps présent, de quelles questions se préoccupent le plus constamment les Français de toute opinion, de toute catégorie, sinon de celles que posent les complications croissantes de la vie et les transformations opérées ou désirées dans l'ordre social? Il nous faut donc une philosophie qui, parallèllement à la doctrine de l'Église, mette sur le chantier l'étude des graves problèmes de la morale et de la sociologie. Indispensable toujours, elle apparaîtra demain, nous le disions au début de cette étude, comme l'une des nécessités les moins discutables de la civilisation.

V

Conclusions.

NÉCESSITÉ DE FAIRE CONNAITRE LA PHILOSOPHIE
TRADITIONNELLE DE L'ÉGLISE

Il y a cinquante ans, Doellinger, inquiet de la défiance manifestée par la cour romaine pour les doctrines allemandes, — il osait bien accuser le Saint-Siège de vouloir réduire en cimetière le champ de la littérature *catholique* de son pays, — expliquait par quatre causes le fait dont il se plaignait. L'une de ces causes était, selon lui, le progrès de l'influence française sur les bords du Tibre (1). L'esprit français, voilà sur l'autre rive du Rhin, l'ennemi dangereux, irréconciliable. Chez nous désormais, le *germanisme*, non point assurément les œuvres utiles de tels savants, philosophes ou théologiens allemands, mais,

______

(1) G. GOYAU : *L'Allemagne religieuse, le Catholicisme*, t. IV, p. 264.

répétons-le, ce que l'on appelle le *germanisme*, sera disqualifié; bien plus, nous serons unanimes, on doit l'espérer, à défendre contre lui nos écoles, nos universités, notre presse, les organes de diffusion si nombreux dans un grand pays comme le nôtre. Mais vers quelle philosophie conviendra-t-il que nos préférences se dirigent? Nous avons essayé, dans cette étude, de faire valoir quelques-uns des titres de la philosophie traditionnelle de l'Église à prendre la place devenue vide par la déchéance des systèmes allemands, en particulier du plus répandu et du plus perfide de tous, de celui dont ils sont généralement issus, le subjectivisme kantien.

En 1884, Mgr d'Hulst écrivait, avec l'autorité de sa haute intelligence et l'énergie d'une conviction longuement réfléchie : « L'heure est venue pour le christianisme du xixᵉ siècle d'avoir sa science à lui comme l'a eue celui du xiiiᵉ. Il lui faut une science vraie, puissante, universelle, attestée par des productions et des découvertes, fixée dans des œuvres durables et s'imposant par sa valeur au respect de l'opinion savante. Donc, il lui faut de grandes écoles qui seront les foyers de ce rayonnement (1). » Ces paroles n'ont rien perdu de leur actualité; elles expriment une vérité d'autant plus saisissante que, dans le mot science catholique, l'éminent prélat inclut sans nul doute la philosophie. Le moyen qu'il préconise reste encore et restera toujours le meilleur : l'enseignement donné dans nos écoles supérieures, nos facultés libres, par des hommes d'une compétence éprouvée. Les Instituts catholiques étendent d'ailleurs leur action au delà des amphithéâtres où se groupent les

____

(1) *Mélanges*, I, p. 94.

étudiants. Leurs professeurs écrivent dans les revues, publient des ouvrages, concourent à l'œuvre des conférences, guident les essais des talents encore inexpérimentés. Les maîtres de nos grands et petits séminaires, de nos collèges ecclésiastiques y reçoivent une formation nécessaire et, par eux, les doctrines de la saine philosophie pénètrent dans les rangs du clergé d'abord, puis dans un grand nombre d'esprits cultivés. Il sera très important que les cours de philosophie placés entre les mains de nos grands élèves soient rédigés non pas seulement en vue des examens du baccalauréat, mais d'une manière conforme aux principes que nous voulons inculquer aux jeunes générations. Les évêques, les supérieurs des établissements libres, l'*Alliance* qui unit ensemble la plupart de nos maisons d'enseignement secondaire devront, ce nous semble, autant que la préparation des examens le permet, reviser les programmes en usage chez nos élèves, dans un sens plus franchement catholique.

Très louables aussi seront les efforts tentés pour obtenir que la philosophie catholique soit dorénavant prise en considération dans les milieux où régnaient hier les théories allemandes. Des progrès ont été accomplis depuis un petit nombre d'années sous le rapport que nous indiquons, particulièrement à Louvain, sous l'impulsion féconde du cardinal Mercier, mais il reste beaucoup à faire. Tout récemment encore, un des personnages les plus en vue à l'heure présente et qui, d'ailleurs, ne paraît pas hostile à l'Eglise catholique, oubliait de classer notre philosophie traditionnelle parmi celles qui honorent l'esprit humain. Le tableau qu'il esquissait était à ce point incomplet ; en racontant notre histoire intellectuelle, il négligeait une dizaine de siècles sans s'apercevoir de l'énormité d'une pareille lacune. Beaucoup de rationalistes en sont encore là. Ils veulent bien reconnaître aux ouvrages de saint Augustin une valeur philosophique, mais du grand évêque d'Hippone à Bacon, la nuit, selon eux, a été complète. Saint Thomas d'Aquin est le prince de la théologie; en tant que philosophe il ne compte pas. Obtenir que nos doctrines soient étudiées avec soin, jugées avec indépendance et justice, ce sera remporter déjà un notable succès. Mais de meilleures victoires nous sont nécessaires. Aux prêtres élevés dans nos Instituts, à nos catholiques de travailler sans découragement, l'âme, au contraire, remplie d'une ardeur toujours prête à grandir, pour rendre efficace ce mouvement de si désirable conquête.

DISPOSITIONS AVEC LESQUELLES IL FAUT TRAVAILLER
A LA DIFFUSION DE LA PHILOSOPHIE CATHOLIQUE

Nos amis se mettront à l'œuvre avec un ferme attachement aux principes, mais une large ouverture d'esprit. Un disciple fervent de l'Ange de l'École écrivait, il y a peu d'années, cette phrase : « Après six siècles, signerait-il (saint Thomas d'Aquin) sans remaniements ni additions, un seul de ses articles ? On peut gager à coup sûr qu'il les recommencerait, et ce seraient les mêmes et c'en seraient d'autres pourtant, car l'ampleur en serait différente, la nutrition renouvelée et par conséquent aussi la capacité nutritive (1). » Un peu plus loin, le même auteur ajoute : « *Vetera novis augere*, c'est la formule de

____

(1) P. SERTILLANGES : *Saint Thomas d'Aquin*, t. II, p. 330, 331.

Léon XIII. Léon XIII ne dit pas : *addere;* une addition est un poids, ce n'est pas une nourriture. L'*augmentum*, dans la doctrine thomiste, c'est l'intussusception vitale, propre à ce qui croît au dedans, en métamorphosant ce qui fait accession à sa substance (1). » Ces paroles formulent exactement le devoir des néothomistes. Qu'ils restent fermes sur les positions acquises, qu'ils défendent les vérités appartenant à l'héritage des siècles chrétiens, mais qu'ils profitent, dans la mesure où une saine logique le leur permet, de tous les progrès véritables. Nous ne sommes pas de ceux, en effet, qui méconnaissent la valeur du travail accompli pendant de longs siècles par la réflexion et l'expérience. Nous n'émettons pas l'opinion étrange que nos docteurs aient tout découvert et tout dit. En psychologie et dans la philosophie des sciences sociales ou des sciences de la nature, en méthodologie et en critique, les trésors du passé ont été notablement accrus : il serait absurde de ne pas y puiser. Une philosophie digne de ce nom n'a-t-elle pas la mission de vivifier toutes les connaissances humaines, en projetant sur elles sa pure lumière ?

Un bel avenir est donc réservé à la pensée catholique. Au milieu des soucis douloureux de la grande guerre, il est doux au cœur des croyants, surtout **au cœur d'un évêque,** de saluer avec confiance les perspectives qui s'ouvrent devant nous. Dans l'œuvre de la civilisation, œuvre qui sera dirigée demain comme hier par l'Eglise, la philosophie aura une part glorieuse et féconde. Telle est notre conviction et tel l'un de nos meilleurs espoirs.

------

(1) P. Sertillanges : *Saint Thomas d'Aquin,* II, p. 330, 331.

TABLE DES MATIÈRES

Paris. — Imp. Paul Dupont (Cl.). — 23.5.16.

<table>
<tr><td>PARIS
7, place St-Sulpice</td><td>BLOUD & GAY
Éditeurs</td><td>BARCELONE
Calle del Bruch, 35</td></tr>
</table>

LA GUERRE ALLEMANDE & LE CATHOLICISME

Par Cardinal AMETTE ; Mgr BAUDRILLART ;
Chanoines ARDANT, COUGET, GAUDEAU ;
MM. G. GOYAU et F. VEUILLOT. - Documents.

1° *Un volume*
In-8° Prix : **2.40** net

=== 2° **ALBUM N° 1** ===   === 3° **ALBUM N° 2** ===

Documents photographiques illustrant la conduite respective des armées allemandes et françaises à l'égard de l'Église Catholique . **1.20** net

Quelques portraits de prêtres français mis à mort par les Allemands, et autres documents photographiques du même ordre. **1.20** net

4°

SÉRIE N° 1 de 12 Cartes postales

publiées par le Comité Catholique de Propagande française à l'Étranger. **1** fr.
Prix de la Série .. ..

L'ALLEMAGNE et les ALLIÉS devant la Conscience Chrétienne

Par Mgr CHAPON, Évêque de Nice ; Mgr BAU-
DRILLART ; Mr Denys COCHIN, Ministre d'État ;
le Baron d'ANTHOUART ; Mgr BATIFFOL ;
R. P. JANVIER ; de LANZAC de LABORIE ;
Ed. BLOUD ; F. VEUILLOT. - Documents .. ..

Un volume
In-8° Prix : **3.60** net

Johannès JÖRGENSEN	**LA CLOCHE ROLAND** LES ALLEMANDS ET LA BELGIQUE	3.50
Abbé FOULON	**Arras sous les Obus** Préface de Mgr LOBBEDEY, Évêque d'Arras	100 photographies 3.50
Baron A. de MARICOURT	**Le Drame de SENLIS** Journal d'un Témoin	3.50
Raoul NARSY	**Le Supplice de LOUVAIN** FAITS ET DOCUMENTS	1.80
Louis COLIN	**Les BARBARES à la TROUÉE des VOSGES** Préface de Maurice BARRÈS	3.50
Georges DESSON	**Souvenirs d'un OTAGE** Préface de Serge BASSET	2.50

Paris. — Imp. PAUL DUPONT (Cl.). — 23 *bis* : 6.16.

www.ingramcontent.com/pod-product-compliance
Lightning Source LLC
LaVergne TN
LVHW050104060726
842524LV00003B/922